BARREAU DE POITIERS

DE LA

CONDITION DES CÉLIBATAIRES

EN DROIT FRANÇAIS

---- ✳ ----

DISCOURS

PRONONCÉ

A LA SÉANCE SOLENNELLE DE RÉOUVERTURE DE LA CONFÉRENCE
DES AVOCATS STAGIAIRES

Le 30 Janvier 1904

PAR

E. COQUET

Avocat à la Cour d'Appel
Secrétaire de la Conférence

---- ❀ ----

POITIERS

IMPRIMERIE BLAIS ET ROY

7, RUE VICTOR-HUGO, 7

1905

DE LA

CONDITION DES CÉLIBATAIRES

EN DROIT FRANÇAIS

———— ✳ ————

DISCOURS

PRONONCÉ

A LA SÉANCE SOLENNELLE DE RÉOUVERTURE DE LA CONFÉRENCE
DES AVOCATS STAGIAIRES

Le 30 Janvier 1904

PAR

E. COQUET

Avocat à la Cour d'Appel
Secrétaire de la Conférence

—————————— ·ọ· ——————————

POITIERS

IMPRIMERIE BLAIS ET ROY

7, RUE VICTOR-HUGO, 7

—

1905

DE LA CONDITION DES CÉLIBATAIRES

EN DROIT FRANÇAIS

Monsieur le Batonnier,

Messieurs,

Les célibataires sont ici, sans doute, en majorité. Je pense qu'un pareil auditoire m'excusera de le priver cette fois des austères joies de la théorie juridique, si je lui raconte plutôt la façon dont les gens mariés se vengèrent au cours des siècles sur ceux qui refusèrent d'imiter leur exemple et de partager leur bonheur. Et c'est pourquoi je me propose de vous entretenir aujourd'hui, Messieurs, de la condition des célibataires en droit français.

I

Malgré ce titre, il m'est difficile de ne pas résumer d'abord les dispositions du droit antique. Elles exercent encore aujourd'hui une grande influence sur les auteurs de projets et vous pourrez, d'autre part, mieux apprécier la modération relative du droit moderne. Ceux d'entre nous qui vivent dans l'intimité de Gaïus et de Justinien, et viennent de laisser Petit ou Girard ouvert sur leur table de travail, voudront bien me pardonner de ne leur rien apprendre.

L'antiquité traita durement les célibataires. Les raisons de cette sévérité ont, de nos jours, en partie disparu. Le célibataire commettait alors un double crime : — crime politique qui enlevait à la cité des soldats contre la perpétuelle hostilité de ses rivales, et des citoyens contre le flot montant des esclaves et des affranchis ; — crime religieux qui laissait s'éteindre le foyer familial et privait les aïeux de descendants pour célébrer leur culte.

Aussi Platon exige-t-il que l'on se marie entre 30 et 35 ans. « C'est un crime de se refuser à prendre femme. Quiconque négligera ce soin paiera chaque année une amende, afin qu'il ne s'imagine pas que le célibat soit un état commode et avantageux, et il n'aura non plus aucune part aux honneurs que la jeunesse rend à ceux d'un âge avancé (1). » Et si vous demandez à ce jeune Grec, que nous évoquons en tête du défilé des célibataires, pourquoi cette démarche pénible et cet air embarrassé, il avouera, si l'on en croit Plutarque, qu'hier, jour de fête, il a dû, en compagnie de ses pareils, faire sans aucun vêtement le tour de la place publique en chantant des vers satiriques. Et s'il refuse de compléter ces pénibles confidences, l'indiscret Athénée nous révélera que notre célibataire a été traîné au pied des autels et battu de verges par les femmes qui se vengeaient ainsi de leurs propres mains, impitoyables sans doute (2). Je dois avouer pourtant qu'on in-

(1) Cf. P. Guiraud, *Grande Encyclopédie*, vº *Célibat, droit grec.*
(2) Cf. Cartier, *le Célibat à Rome.* Revue polit. et parlem., oct. 1901, t. XXX, p. 97.

venta dans Athènes, pays d'artistes et d'ironistes souriants, des remèdes plus doux tels que la polygamie obligatoire et temporaire qui permit, paraît-il, à Socrate lui-même de délaisser un peu son acariâtre Xantippe (1). En somme, la civilisation grecque nous a laissé sur ce point plutôt des détails curieux que des documents précis.

A Rome, les moyens coercitifs furent inutiles tant que dura l'âge d'or des soldats laboureurs et des fileuses de laine. Mais l'éloquence rude et singulière du censeur Metellus Macedonicus nous révèle déjà la nécessité d'encouragements au mariage : « S'il était possible de n'avoir point de femme, nous nous délivrerions de ce mal ; mais comme la nature a établi que l'on ne peut guère vivre heureux avec elles, ni subsister sans elles, il faut avoir plus d'égard à notre conservation qu'à des satisfactions passagères (2). » Des mœurs indulgentes protégèrent les célibataires ; l'égoïste qui préférait à l'accomplissement du devoir social la vie luxueuse et facile se voyait entouré, cajolé, par la race avide des coureurs de successions. Il était tard pour réagir. On l'essaya pourtant. Sous Auguste furent votées les lois Julia et Papia Poppæa. Vous savez qu'elles combinèrent les récompenses aux pères de famille avec les déchéances frappant les célibataires et les gens mariés sans enfant ; notamment les coelibes, hommes et femmes non mariés et qui n'ont pas d'enfants d'un mariage antérieur, furent, sauf quelques restrictions, privés par la loi Julia du droit de recueillir les libéralités à eux laissées dans un testament, soit par institution, soit par legs (3). Ces mesures furent

(1) Cf. Cartier, *loc. cit.*, p. 97.
(2) Cartier, p. 98.
(3) Petit, *Traité élém. de dr. rom.*, 4ᵉ édit., pp. 597 sq.

d'ailleurs aussi inefficaces que sévères et les faiseurs de mots — la race en est vieille — continuèrent à répéter : « Cœlibes, cœlites (1). » Le célibat, c'est le ciel.

Les Empereurs chrétiens abrogèrent les lois caducaires, et le christianisme, qui transforma les conceptions sur la valeur morale du célibat, sauva pour longtemps les célibataires. Il faut, croyons-nous, remonter jusqu'au droit moderne, pour retrouver contre eux ces mesures de défaveur qui font l'objet de notre entretien. Mais elles ne puisent plus leur raison d'être aussi profondément dans le milieu social. Elles n'ont plus le même caractère de sévérité et surtout de généralité. On cesse de mépriser les célibataires. C'est par périodes et, pour ainsi dire, par accès qu'on les pourchasse, deux fois, sous la Révolution et de nos jours et pour des raisons différentes. Il faut aller chercher cette législation fragmentaire à des sources très diverses, essuyer la poussière vénérable d'un volume du Moniteur ou couper les feuillets neufs d'un récent traité de législation coloniale, et j'invoque d'avance votre indulgence pour les lacunes que présente forcément un pareil exposé.

II

Si le mouvement révolutionnaire contre les célibataires a des précédents dans notre droit, il faut les chercher dans un édit de Louis XIV (2) qui constate, en novembre 1666, que « la dignité des mariages est déprimée » et ne saurait approuver « que ceux de nos sujets qui vivent hors le ma-

(1) Cartier, p. 111.
(2) Isambert, *Anc. lois*, t. XVIII, pp. 90 sq.

riage soient bien plus favorablement traités, dans la contribution aux charges publiques, que ceux qui s'y trouvent en-
gagés ». Aussi l'édit, entre autres mesures de faveur, accorde
une exemption d'impôts temporaire aux jeunes gens mariés
dans la 20e année, totale au père de 12 enfants, une pen-
sion aux gentilshommes pères d'une nombreuse famille,
1000 livres pour 10 enfants et 2.000 livres pour 12. Il or-
donne au contraire expressément « que tous nos sujets tail-
lables qui ne seront mariés dans la 21° année soient com-
pris et imposés aux tailles et autres charges et imposi-
tions publiques, à proportion de leurs biens et moyens,
commerce, arts, métiers, et autres emplois auxquels ils seront adonnés. » C'était simplement soumettre les célibataires
à la rigoureuse observation du droit commun. L'édit fut
d'ailleurs révoqué par Déclaration du 23 janvier 1683 (1).

La législation révolutionnaire est plus sévère et plus
complète. Son caractère original est d'être inspirée avant tout
d'idées morales, et son but est de régénérer la société plutôt
que de développer la population. Ç'est ce qui rend si tou-
chants et si curieux certains discours du Moniteur et certai-
nes théories de Montyon, malgré leur forme d'une emphase
surannée, marque d'une époque où les grands sentiments se
drapaient trop volontiers de grandes phrases.

Comme *soldat*, le célibataire formait la première classe
des gardes nationaux qui pouvaient être appelés pour la for-
mation des corps détachés (2).

Comme *contribuable* il est frappé par un sensible relè-
vement d'impôts : le décret du 13 janvier 1791 le place dans
une classe supérieure à celle déterminée normalement par

(1) Isambert, *Anc. lois*, t. XIX, p. 413.
(2) Cartier, *loc. cit*, p. 91.

*

son loyer ; le décret du 20 février 1793 l'oblige, à partir de 20 ans, à payer un quart en sus de la contribution foncière et la loi du 3 nivôse an VII surhausse ses loyers d'habitation de moitié de leur valeur imposable.

Comme *citoyen* même, il est l'objet d'incapacités politiques. Un texte lui interdit l'entrée d'une assemblée législative. Cette originale déchéance est inscrite dans la constitution directoriale du 5 fructidor an III dont l'article 83 commence ainsi : « Nul ne peut être élu membre du Conseil des Anciens s'il n'est âgé de 40 ans accomplis ; *si de plus il n'est marié ou veuf...* » Le même motif d'exclusion fut, lors des travaux préparatoires, adopté pour les Cinq-Cents. La discussion révéla chez les Conventionnels un esprit de famille, une fraîcheur de caractère presque attendrissants et je regretterais de ne pas vous offrir quelques échantillons de leur éloquence. Rien ne peut mieux d'ailleurs nous renseigner sur les préoccupations et l'état d'âme d'un bon citoyen de cette époque.

Lorsqu'on discuta les conditions d'éligibilité au Conseil des Anciens (1), nul n'osa élever la voix en faveur des infortunés célibataires. Cambacérès demanda seulement qu'on ne prive pas « du droit de servir la patrie, l'homme vertueux qui adopte un enfant ». La courte et grave réponse de Villetard : « Un homme n'est jamais meilleur citoyen que quand il est bon père, bon époux, » méritait quelques développements. Larevellière-Lépeaux se chargea d'orchestrer ce thème. Il analysa l'amour de la patrie, y fit entrer « ce penchant irrésistible qui nous entraîne vers celle dont nous voulons partager pour la vie les peines et les plaisirs, ce

---

(1) Art. 16 du projet (Constitution, art. 83). *Moniteur,* Réimp., t. XXV, pp. 287 sq.

sentiment profond qui nous unit à la mère de nos enfants ».
Il imposa le mariage aux Anciens : « Rien n'est plus sûr que
d'exiger que ce nœud respectable ait été contracté par les
hommes qui doivent composer le corps que nous vous pré-
sentons comme l'emblème de la sagesse éclairée de la
nation et il en résultera un double effet : plus de respect
pour la morale parmi les citoyens et une garantie de plus
pour la sagesse et l'intérêt de la chose de la part des membres du Conseil des Anciens ». Et dans sa péroraison il marque le célibataire d'une indélébile flétrissure : « C'est une
grande et belle institution, sans doute, que l'adoption ;
mais pouvez-vous mettre sur la même ligne que le père de
famille celui qui, pour se décharger des embarras d'un
ménage et n'ayant éprouvé aucun des sentiments qu'il
fait naître, a passé sa vie à porter l'opprobre et l'infor-
tune au sein des familles, à faire couler les larmes de
l'innocence, et à convertir en haine et en mépris l'amour
et l'estime qui rendaient deux époux heureux ? Lorsqu'après de longues années de débauche il viendra faire
une adoption vraie ou simulée, vous croyez qu'il aura payé
sa dette à la société, que son exemple influera beaucoup
sur la morale publique....? Non, jamais. C'est uniquement,
je le répète, en concentrant dans le cœur de l'homme toutes
les affections de la famille, que, suivant l'expression du
citoyen de Genève, vous lui donnerez cette passion exclu-
sive pour sa patrie, cet amour ardent qui rend un jeune
homme capable de tout entreprendre pour l'amante chérie
de son cœur ».

Lorsqu'on étudia le projet sur le Conseil des Cinq-
Cents (1), un nouvel appel fut adressé aux ardents défen-

(1) *Moniteur, loc. cit.*, pp. 290 sq.

seurs de la famille et du mariage par l'amendement Dela-
croix, exigeant, au nom de la moralité, que les Cinq-Cents
fussent, eux aussi, mariés ou veufs. La discussion fut gaie.
Dubois-Crancé retrouva l'éloquence de Larevellière, mais
il ajouta, de son cru, de hautes considérations : « C'est une
plaisanterie de dire que des hommes peuvent n'avoir pas
encore senti à 30 ans le besoin du mariage ; tout homme
qui, à cet âge, ne sera pas en état de donner la vie à un
autre, ne sera pas capable d'être législateur. La classe des
célibataires est celle des égoïstes ; c'est là qu'on pourrait
trouver, plus facilement qu'ailleurs, les plus fermes appuis
du despotisme... Je ne serais point étonné de voir, dans
une assemblée composée de célibataires, prêcher le célibat
comme une vertu religieuse et engager le peuple à le pro-
fesser... » Mais Dubois-Crancé rencontra des adversaires :
l'un demande une exception en faveur des militaires, l'autre
soutient qu'on peut avoir des mœurs et de bonnes mœurs
quoiqu'on ne soit pas marié à 30 ans, et son allusion aux
confidences du chaste Montaigne soulève les éclats de rire
de l'Assemblée. Après le vaudeville, Savary tient l'emploi
du héros de mélodrame : « Je crois, s'écrie-t-il, que cet
amendement est plus propre à corrompre les mœurs qu'à
les épurer. Les ambitieux se marieront à la veille des élec-
tions ; ils abuseront de la jeunesse et de la fraîcheur d'une
fille et lorsqu'ils seront parvenus au Corps législatif, ils
profiteront des subterfuges multipliés que laisse la loi du
divorce, pour abandonner cette jeune personne. »

Et vraiment c'est avec plaisir que le chercheur décou-
vre à la fin de cette discussion les paroles pleines de bon
sens du citoyen Talot : « Je né concevrai jamais qu'à
défaut de mariage on puisse être exclu du Corps législatif...

Vous avez consacré dans la Déclaration des droits que tous les citoyens peuvent parvenir aux mêmes emplois sans autre distinction que celle des vertus et des talents. Je demande où sont les descendants de César, de Pompée, de Bayard, de Saxe, de J.-J. Rousseau, de Voltaire. Je pourrais citer une foule de grands hommes qui se sont illustrés dans la carrière politique, dans la carrière des lettres, dans la carrière militaire et qui ne furent pas mariés ou qui n'eurent pas d'enfants. La motion ne peut être soutenue sérieusement que par une *faction d'épouseurs.* » On rit, mais on vote, et l'on adopte l'amendement. Je ne sais par quel hasard on n'en trouve pas trace dans le texte définitif de la constitution.

Mais, pour les Anciens, la faction des épouseurs appliqua rigoureusement la loi. Vous savez que les Conseils devaient être composés pour les deux tiers d'ex-conventionnels. Le 5 vendémiaire an V, les nouveaux députés se réunissent en un seul corps, sous la présidence de Rudel, doyen d'âge. On met dans une urne les noms des conventionnels réélus, mariés ou veufs, majeurs de 40 ans, et on tire au sort 167 noms. Même opération pour 83 des nouveaux députés qui, toujours à l'exclusion des célibataires, forment le dernier tiers des Anciens; tous les autres députés appartiennent aux Cinq-Cents (1). Il n'est guère, dans notre histoire, de plus beau mélange de politique et de sentiment.

Cette passion de moralité et de vertu qui inspirait nos législateurs se retrouve, vers la même époque, dans les projets fiscaux d'un économiste philanthrope, le baron de Montyon. C'est dans un ouvrage paru en 1808 sous le titre : « Quelle influence ont les divers impôts sur la moralité, l'activité et

(1) *Moniteur,* Réimp., t. XXVI, p. 349.

**

l'industrie des peuples (1)? » que M. de Montyon développe
sur l'impôt des théories qui font honneur à sa belle âme.
Regrettons avec lui que le produit des domaines soit insuf-
fisant pour acquitter les charges nationales et plaignons le
citoyen à qui les agents du fisc viennent enlever une partie
des fruits du champ qu'il a cultivé (2). Mais il nous est difficile de ne pas sourire de ses préférences pour un système
de contribution volontaire fondé sur la vertu : « Chaque
citoyen offrirait spontanément à sa patrie ce qu'une sage
économie et la modération de ses désirs lui permettraient
de retrancher de sa dépense personnelle. »

Dans un beau dédain pour le scepticisme et l'ironie, c'est
à force d'enthousiasme qu'il prétend convaincre son lecteur:
« Sans doute un tel ordre de constitution est, aux yeux des
gens amollis et corrompus, un roman de finance... Cepen-
dant ce généreux et admirable régime a existé, et, encore
de nos jours, a été en vigueur dans plusieurs villes et états
de l'Empire germanique. Hommes probes et vertueux,
hommes illustres par ce procédé loyal et civique... puissé-je
avoir élevé mes pensées à la hauteur de vos sentiments (3) ! »
Mais, en attendant le règne de la vertu, il faut percevoir des
impôts. Dans cette perception, des abus se sont introduits
et sont devenus si fréquents qu'on a fini par les prendre
pour le véritable caractère (4), et croire, par exemple, que
l'impôt se justifie et se limite par la nécessité de subvenir
aux dépenses publiques. Erreur ! L'impôt doit être avant
tout moralisateur. Ainsi la science financière, la « finance »,

(1) Les citations de cet ouvrage sont tirées de la Collection des Economistes,
Mélanges d'économie politique, t. II, Guillaumin, 1848, in-8°.
(2) Cf. p. 492.
(3) P. 493.
(4) Cf. p. 379.

comme on disait alors, se montre à nous sous un auguste aspect et Montyon s'écrie, avec un mépris délicieux des réalités pratiques : « Comme elle s'élève au-dessus de cette industrie fiscale qui se borne à faire entrer quelques sommes de plus dans le trésor public (1) ! » La finance force l'homme à faire de sa richesse un usage sensé et moral, punit ce qui est répréhensible sans être criminel, et, dit Montyon, « protégeant le citoyen... *l'éclairant dans ses affections*, le dirigeant dans ses travaux, elle semble une Providence nationale qui, en le rendant sage, le rend heureux (2). »

Vous pensez bien qu'une Providence si envahissante et si tyrannique n'est pas tendre pour les célibataires. Elle les punit pour leur inutilité sociale et pour leur corruption. « Il est juste qu'un célibataire qui se dispense de procréer et d'élever des citoyens... paie indemnité de la charge civique à laquelle il se soustrait, et que cette classe d'hommes, qui, souvent corrompue et corruptrice, jouit des plaisirs du mariage sans en contracter les liens, soit restreinte par la crainte des impôts (3). »

Heureusement pour les contribuables, M. de Montyon découvrit enfin qu'il était plus généreux de moraliser la France avec sa fortune qu'avec celle des autres, et c'est alors qu'il fonda les prix de vertu qui, plus que ses théories fiscales, ont immortalisé son nom.

(1) P. 379.
(2) P. 379.
(3) P. 377.

III

Au cours des longues années qui nous séparent encore de l'ère contemporaine des nouvelles persécutions, les grévistes du mariage vivent à peu près tranquilles. La législation révolutionnaire tombe promptement en désuétude. Napoléon se contenta d'appeler sous les drapeaux les célibataires avant les gens mariés, obligation qui n'était point indifférente, il est vrai, en ce temps d'hécatombes humaines. Plus d'un, peut-être, s'est fait d'un foyer matrimonial un refuge contre la gloire, refuge temporaire, hélas, à cette époque où l'on voyait dans les steppes russes ou dans les plaines de Belgique,

> Fondre ces régiments de granit et d'acier
> Comme fond une cire au souffle d'un brasier (1).

L'année terrible vit aussi la levée dite des « vieux garçons », rappelant au service les hommes qui, leur temps fait, étaient restés célibataires (2).

Puis un nouvel ennemi apparaît, plus menaçant que les baïonnettes, plus terrible que la mitraille : la statistique. Cet art de raisonner faux sur des chiffres exacts prouve aux célibataires qu'ils fournissent à la société plus d'aliénés que les gens mariés, — comme si la folie n'était pas le plus souvent la cause et non l'effet du célibat, — et plus de criminels, — comme si celui qui aspire à la gloire de devenir un jour Rempart de la Villette ou Terreur de Belleville ne préférait pas au mariage une union moins gênante et peut-être aussi plus lucrative.

(1) Hugo, *les Châtiments*. L'Expiation.
(2) Cf. Cartier, *loc. cit.*, p. 95.

Ce sont encore les statisticiens qui poussèrent un jour le cri d'alarme : La France se dépeuple, la France se meurt ! Entourée de voisines chaque jour grandissantes, sera-t-elle l'arbuste étouffé sous les arbres, qui n'a plus de sève et périt ? Et sous l'influence de ces préoccupations, journalistes d'écrire et législateurs d'emplir leurs cartons de projets. Les œuvres littéraires s'appellent Fécondité ou bien Maternité. Une commission extraparlementaire fonctionne depuis quelque trois ans dans l'ombre et le silence, d'où finira bien par naître quelque chose de grand. Alors la lutte contre les célibataires change de caractère et devient un simple épisode de la grande campagne. On ne leur reproche plus d'être une classe dissolue; on ferme les yeux sur leurs plaisirs et leur luxe. Les préoccupations utilitaires dominent ; il faut frapper les célibataires comme complices de cette grande trahison, d'autant plus dangereuse qu'elle est presque inconsciente et que les individus n'en souffrent pas, qui prive la patrie de ses unités de combat, et qui, pour la guerre militaire ou pour la guerre économique, lui coûte chaque année le prix d'une défaite.

Pour forcer les grévistes des deux sexes à repeupler la France, entreprise qui devient le motif exclusif des attaques dirigées contre leur tranquillité, les réformateurs modernes n'ont trouvé qu'un moyen, et c'est bien sans doute le seul efficace, frapper la fortune. Le système est déjà résumé dans le projet de résolution sur la nomination d'une commission extraparlementaire de la dépopulation, déposé en 1900 par MM. Bernard, Piot, Wallon, etc. (1). La justice en a été éloquemment défendue, à la tribune du Sénat, par MM. Bernard et Piot, lors de la discussion sur

(1) *J. Off.* 1900. Doc. parl. Sénat, p. 893.

l'amendement Piot, modifiant le tableau des droits de mu-
tation (1). D'après eux, le principe fondamental de l'égalité
de tous devant l'impôt est violé par nos lois. Notre système
fiscal attribue des primes aux familles peu nombreuses.
L'impôt mobilier, les droits de douane, d'octroi, le service
militaire, par exemple, pèsent d'autant plus lourdement que
les enfants sont plus nombreux. « Ce système, dit M. Bernard, n'est ni juste, ni rationnel, ni démocratique. L'impôt
doit être dégressif, c'est-à-dire inversement proportionnel
aux charges de famille. » Et M. Piot concluait, en un lan-
gage simple et sobre qu'il est instructif pour les amateurs
d'éloquence parlementaire de comparer avec la phraséolo-
gie révolutionnaire : « Vous le savez tous, et tous vous êtes
de mon avis, le citoyen qui a une famille nombreuse est
un contribuable injustement frappé par l'État, qui ne tient
pas compte du nombre de ses enfants et des charges qui en
sont la conséquence. Il paie sur les mêmes bases de répar-
tition que le célibataire ou l'homme marié sans enfants ; et
il n'est personne de vous, Messieurs, qui ne regarde ce fait
comme une injustice qu'il faudrait réparer. Messieurs, je
ne suis pas un homme d'études, et je suis parti, pour venir
à vous, d'humbles origines ; c'est vous dire que, pour vous
parler, je n'ai que du bon sens et de l'énergie; mais je
m'étonne, quand il s'agit de remédier à un mal social,
qu'on hésite devant la multiplicité des moyens. »

Pour appliquer ces principes on a proposé des projets
où la taxe fiscale n'est plus un impôt, mais une peine, et
leurs auteurs, partageant le dédain de Montyon pour les
intérêts du trésor public, répartissent pour la plupart les

(1) *J. Off.* 1901. Débats parl. Sénat, pp. 42-43.

sommes qu'ils obtiennent, en récompenses aux pères de famille. En voici quelques types :

M. Piot a proposé en 1900 de frapper les célibataires d'un supplément d'impôts (1). « A partir du 1er janvier 1901 les célibataires des deux sexes âgés de 30 ans révolus seront assujettis à une taxe égale au 15e du principal des 4 contributions directes payées par eux. » Le taux de cet impôt déguisé était d'une modération remarquable.

Un système plus complet et plus efficace a été imaginé par M. le commandant Mathis (2). J'extrais de ses projets fiscaux ce qui nous concerne particulièrement. L'impôt sur les célibataires comprendrait deux éléments :

1° Une taxe spéciale et uniforme de 50 fr. sur les céliba-taires à partir de 30 ans, augmentée de 50 fr. par période quinquennale jusqu'à un maximum de 200 francs ;

2° Un supplément d'impôts variant progressivement avec les revenus : l'augmentation serait de 1/4 avec un mini-mum de 75 fr. pour des revenus de 3 à 4.000 fr. ; de moitié avec un minimum de 120 fr. pour les revenus de 4 à 5.000, et ainsi de suite jusqu'aux revenus supérieurs à 100.000 fr. frappés d'impôts quintuplés.

En outre les fonctionnaires célibataires recevraient un traitement moins élevé que les pères de famille.

On peut se rendre compte du caractère presque excessif de ce projet par l'exemple suivant : Voici un fonctionnaire au traitement normal de 4.000 fr., âgé de 41 ans et payant 50 fr. d'impôts. La loi nouvelle appliquée, il ne touchera plus que 3.200 fr. de traitement, paiera une taxe spéciale

---

(1) Je n'ai pu retrouver à l'Officiel cette proposition citée par M. Guichard, Législation et population, p. 33. (Discours prononcé en 1901 à la Réouverture de la Conférence du stage.)

(2) Dr Toulouse, les Célibataires (Le Journal, 11 janvier 1904).

de 150 fr. et subira une augmentation d'impôt de 25 fr., soit une diminution d'un quart de ses revenus.

Un autre genre de réformes nous est proposé par M. Doucet dans la *Revue politique et parlementaire* (1). Cet auteur déclare n'être pas partisan d'un impôt sur les célibataires, qui, d'après lui, entraînerait des recherches vexatoires et n'est pas conforme à nos principes de droit fiscal. Il se défend même, dans cet article tout pavé de bonnes intentions, de vouloir frapper les célibataires d'une «pénalité», invente aussitôt quelque chose de sans doute bien différent qu'il appelle une «sorte de déchéance» fondée sur ce principe que la fortune du défunt doit être répartie entre ses descendants proportionnellement à leurs besoins, bouleverse l'interprétation traditionnelle de la volonté présumée du défunt et ressuscite le *jus capiendi* des Romains. Il se contente d'ailleurs de poser des règles générales, en établissant parmi les successibles « une première catégorie dont la capacité serait diminuée et qui comprendrait tous les célibataires au-dessus de 30 ans pour les hommes et de 25 ans pour les femmes (2) ».

Ce mouvement, Messieurs, a donné naissance à des résultats positifs. L'impôt sur les célibataires existait encore, il y a deux mois, en terre française. Il fut établi à Madagascar par un arrêté du Gouverneur général en date du 30 décembre 1898, qui, après avoir déterminé la contribution annuelle des indigènes de l'Imérina, ajoute: «En outre, tout individu non marié, et n'ayant jamais été marié, ne pourvoyant pas à l'entretien et à l'éducation d'un enfant, soit

(1) Robert Doucet *la Dépopulation en France et la réforme du régime successoral. Rev. polit. et parl.*, janvier 1901, t. XVII, pp. 140, sq.
(2) Doucet, *loc. cit.*, p. 150.

naturel, soit adopté, est astreint au paiement d'une somme annuelle qui est fixée à 15 fr. pour les hommes ayant dépassé 25 ans et 7 fr. 50 pour les femmes ayant dépassé 21 ans (1). » Cet impôt était inscrit au budget de 1903 pour un produit de 55.000 fr., fort appréciable sur une recette totale de 23 millions et demi (2). Pourtant les Hovas sont, paraît-il, race très prolifique ; les familles de 10 à 12 enfants ne sont pas rares chez eux et le géographe qui publie ces renseignements illustre en effet son texte de la photographie d'une certaine famille Ramanpanjaka qui représente assez bien une petite exposition de marmots (3). C'est sans doute pour ces motifs que le général Galiéni, nouvelle que je dois à l'obligeante et toute récente communication de M. le professeur Girault, a supprimé l'impôt des célibataires par arrêté du 23 novembre dernier. Nous ne savons pas, malheureusement, ce que pensent là-bas, dans la Grande Ile, les jeunes filles à marier, de ce revirement subit dans la législation madécasse.

IV

Après ce long exposé historique il est temps de conclure. Sous la pluie menaçante des mesures politiques, militaires, civiles et fiscales, les infortunés célibataires ont souvent courbé la tête. Qu'en reste-t-il et qu'en faut-il penser ?

Sur les incapacités d'ordre politique il est facile d'être bref. Nul ne songe aujourd'hui qu'un célibataire soit moins

(1) *Recueil de législat. et jurisprud. coloniales*, 1898, 1re partie, p. 240.
(2) Girault, *Principes de législat. col.*, 2e édit., I, p. 768.
(3) *Madagascar au début du* xxe *siècle* (par divers auteurs), p. 364 (Soc. d'édit. sc. et lett., 1902).

apte qu'un autre à discuter les intérêts financiers ou com-
merciaux du pays, moins digne de consacrer ses forces à la
grandeur de la patrie. Il ne reste du législateur de l'an III
qu'une antique et curieuse arme de plus dans le riche arse-
nal historique de nos constitutions.

Au point de vue militaire, l'immense majorité de l'armée
est en temps de paix composée de célibataires. Leur condition constitue le droit commun et c'est aux pères de famille
qu'il faut accorder des faveurs. Elles sont vite énumérées
aujourd'hui : le réserviste père de 4 enfants passe de droit
dans la territoriale. et des instructions ministérielles récen-
tes permettent aux conscrits mariés de faire leur service
dans une garnison rapprochée (1). Je ne crois pas que le projet sur le service de deux ans établisse aucune différence
entre les jeunes soldats mariés ou non (2). Pour le temps
de guerre nous ne pouvons que regretter que les impitoyables nécessités des luttes modernes et le développement

(1) Pour l'incorporation des hommes mariés, cf. Arrêté du 13 août 1903 ;
pour le changement de corps des hommes mariés actuellement sous les drapeaux, cf. Circulaire du 12 nov. 1903. (*Rev. gén. d'adm.*, janv. 1904).

(2) La Commission de la Chambre, depuis que ce discours a été prononcé, a
proposé l'établissement d'une *taxe militaire sur les célibataires*. « Messieurs, a
dit le rapporteur, M. Berteaux, le devoir militaire se subdivise d'après nous en
une triple prestation. Prestation de temps que chaque citoyen français doit
également à la République pour apprendre à défendre son territoire en cas
de besoin ; prestation éventuelle du sang à laquelle chaque citoyen peut avoir
à faire face si la patrie l'appelle ; prestation enfin qui se paye en donnant à la
France des enfants destinés à perpétuer la race et à assurer la continuité de
la défense... »

Nous avons pensé que la prestation de la race constituait un devoir aussi
nécessaire au pays que les deux autres et que ceux qui s'en exonéraient devaient un impôt compensateur.

Donc tout homme dans une position riche et aisée, car encore une fois nous
ne voulons pas imposer la gêne ou la misère, qui, n'ayant pas été réformé, ne
sera pas, à l'âge du passage dans l'armée territoriale, marié, ou père d'enfant
légitime ou naturel reconnu, devra acquitter la taxe. Voilà une autre conception qui, je l'espère, aura l'approbation de tous les membres de la Chambre,
même et surtout des célibataires. » (Applaudissements.)

J. Off. Débats parl. Chambre. 1er juin 1904, p. 1223.

énorme des effectifs ne permettent plus d'envoyer les pre-
miers à la frontière ceux qui laissent derrière eux moins de
regrets et moins de deuils.

L'appréciation est plus délicate lorsqu'il s'agit de réformes fiscales ou civiles. Je les réunis puisqu'elles ont le
même but : frapper la fortune ; peu importe en somme au
célibataire que le prélèvement soit fait au profit de l'État
par une taxe ou au profit de co-successibles par une modifi-
cation des lois successorales.

Une confusion fâcheuse obscurcit trop souvent les dis-
cussions sur cette matière. C'est qu'une taxe sur les célibataires peut être envisagée à deux points de vue : soit comme
impôt proprementdit, uniquement destiné à procurer des ressources au Trésor, soit comme *remède* à la dépopulation et
ses partisans ne se soucient guère alors du produit fiscal.
Souvent on dirige contre l'impôt des critiques qui n'at-
teignent que le remède, et plus souvent encore on défend le
remède avec des raisons qui ne justifient que l'impôt.

L'impôt sur les célibataires qui jouissent d'une fortune
personnelle me paraît, au point de vue purement fiscal, je
n'hésite pas à l'avouer, fondé sur les idées les plus élémen-
taires de justice. Les principes de notre droit financier
exigent qu'on demande à des revenus égaux des contributions égales. Je ne veux même point examiner s'il ne serait
pas équitable d'assimiler à une forme d'impôt le fait d'élever
un enfant. Je remarque simplement, après MM. Bernard et
Piot, qu'un système fiscal où la perception est établie d'a-
près les signes extérieurs du revenu frappe, *à revenu égal*,
plus lourdement l'homme marié que le célibataire. Si ce
dernier, jouissant par exemple de 25.000 livres de rente,
se contente d'un loyer de 1.000 francs, il est certain qu'une

famille aux mêmes ressources paiera trois ou quatre fois plus aux agents du fisc.

La principale conséquence de cette conception, c'est que l'impôt doit être modéré. Ceux qui, au contraire, tiennent à pousser au mariage la troupe des abstentionnistes l'établiront très lourd et c'est à eux, à cause de cette confusion tout à l'heure signalée, qu'on reproche souvent de « tarir la matière imposable », ce qui est précisément le premier de leurs souhaits. Naturellement le fisc doit joindre aux célibataires les veufs et les divorcés sans enfants, assimilation beaucoup moins rationnelle pour les partisans de la repopulation à outrance puisqu'il s'agit de gens qui ont tenté d'acquitter leur dette sociale et qui ne sont qu'en partie responsables de leur situation.

Il est curieux, en vérité, de constater qu'à une époque où le budget remplace dans la mythologie moderne le tonneau sans fond des Danaïdes, nul ne songe à se placer à ce point de vue strictement fiscal. Tous, défenseurs ou adversaires, considèrent l'impôt sur les célibataires comme un des nombreux remèdes contre la dépopulation. Il m'apparaît alors comme un projet critiquable et condamnable.

On pourrait contester évidemment l'opportunité de la repopulation. Je veux bien admettre, sur cette question préjudicielle et trop générale pour entrer dans mon plan, une solution affirmative et croire qu'il manque chaque année au bonheur des Français quelques milliers de nouveaux citoyens. Il est facile d'ailleurs de présenter des objections plus précises.

S'il n'est pas lourd, l'impôt sera inefficace. Un supplément d'un quinzième aux contributions ne pèse guère dans la balance des intérêts en comparaison des charges de

famille. Si l'impôt, au contraire, accable assez l'abstention-
niste pour le chasser du célibat, comme dans le projet du
commandant Mathis, je ne trouve plus de principe capable
de le justifier. Ce n'est plus un *impôt* puisque le rêve de
ses partisans est de le voir disparaître faute de contribuables, c'est une *peine.* Et quelle innovation redoutable dans
nos codes si la loi consent à sanctionner la violation de
pareils devoirs !

Faut-il croire aussi relever la moralité du mariage en le
rendant presque obligatoire? Ce serait plutôt ajouter quelques feuilles à la longue liste des divorces. J'imagine
que s'il existe à Madagascar quelques vaudevillistes noirs
ou blancs, ils ont dû tirer grand parti du jeune Malgache
de 25 ans qui se hâte de choisir la compagne de son exis-
tence et court au mariage avec le même émoi que chez nous
l'étudiant qui dépêche sa thèse vers la limite fatale de la
27ᵉ année. Et si de pareils faits se passaient en France il n'y
aurait peut-être pas seulement lieu d'en rire.

Il ne faudrait pas oublier non plus que statisticiens et
médecins (1) considèrent les célibataires comme un groupe
où ne manquent pas les tarés et les suspects. Pourquoi
pousser au mariage celui qui ne se sent assez d'énergie et
de force de travail que pour lui seul, ou l'infirme, ou le can-
didat au crime? Etes-vous sûrs enfin qu'un homme placé entre
ses intérêts, frappé par un impôt très lourd, et sa conscience, s'il se sait atteint d'une maladie grave et transmis-
sible, la tuberculose par exemple, pour ne citer que celle-là,
prendra toujours le parti de sa conscience ? Il faut prendre
garde d'imposer à la société un remède qui puisse être par-
fois pire que le mal.

(1) Cf. Dʳ Toulouse, *article précité.*

Qu'on respecte donc notre liberté de célibataires. Celui qui assume les graves responsabilités du mariage doit être alors pleinement libre et conscient. Ceux qui se marient ne sont pas ceux qu'on force, mais ceux qui aiment les joies calmes de l'intimité, les causeries parmi les choses familières et le doux enveloppement d'une continuelle présence amie, ceux qui désirent enfin les têtes bouclées et les joues roses des enfants, les maisons bruyantes et les galopades folles, et la puissante satisfaction de sentir leur courte vie continuée et prolongée dans d'autres êtres.

Poitiers. — Imprimerie BLAIS et ROY, 7, rue Victor-Hugo, 7.

www.ingramcontent.com/pod-product-compliance
Lightning Source LLC
Chambersburg PA
CBHW032256210326
41520CB00048B/5061